THIS BOOK

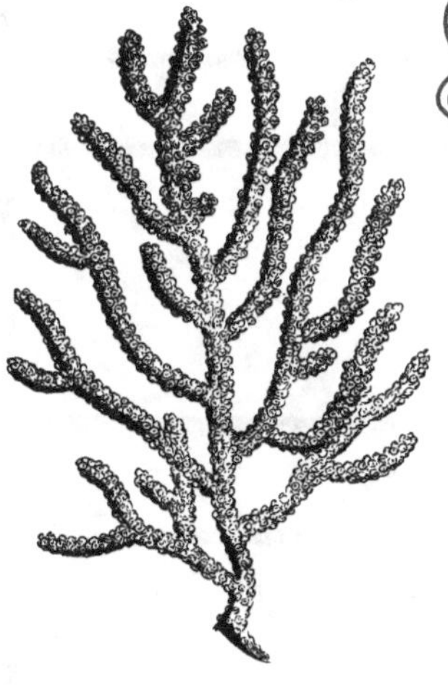

Belongs to

....

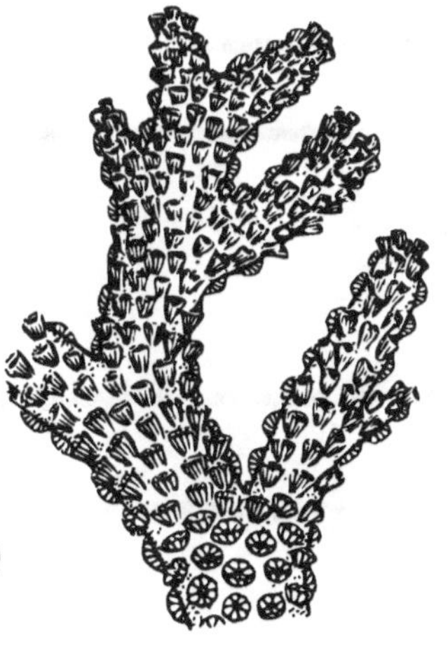

COLOR TEST

3

4

6

7

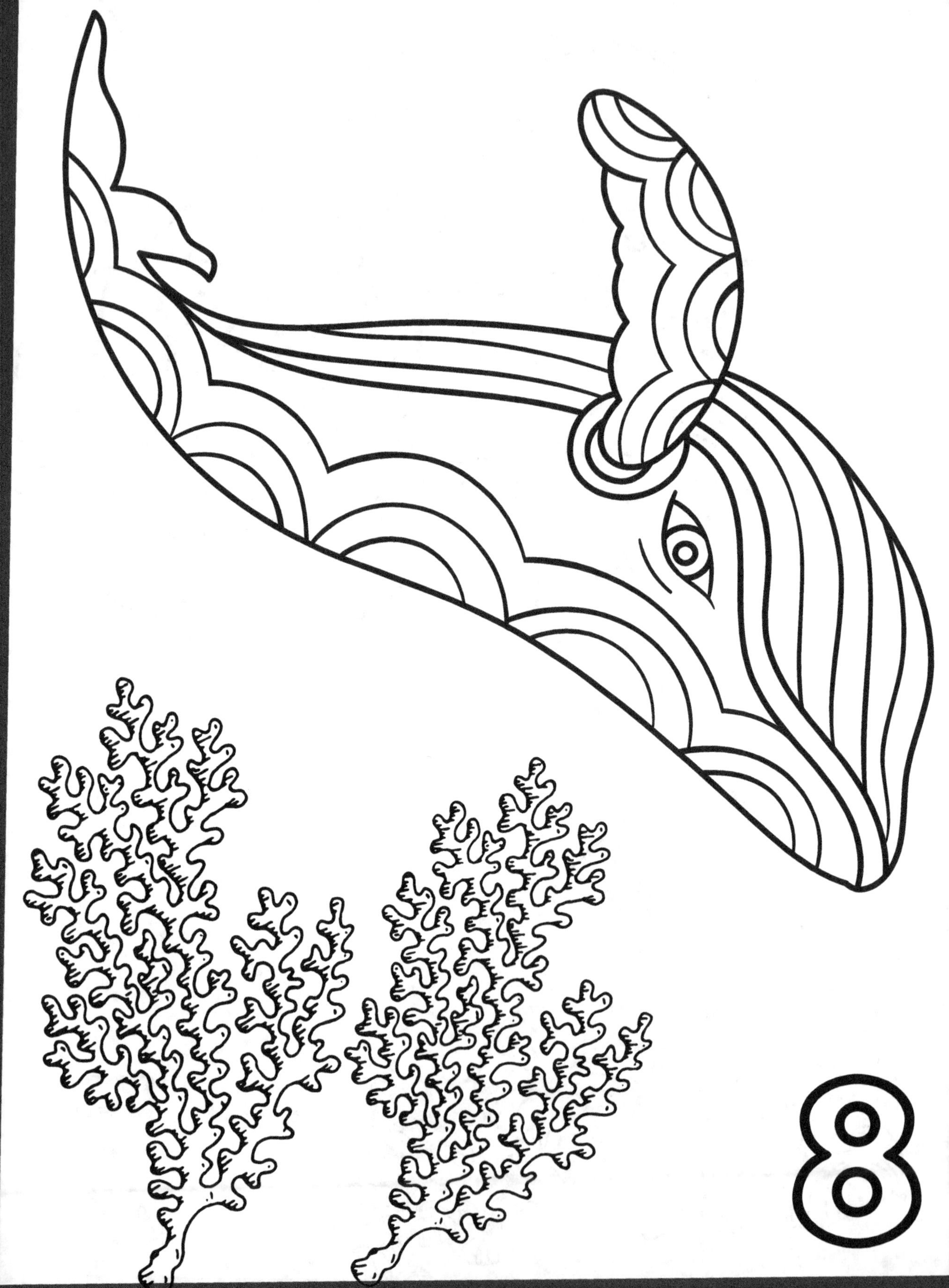

8

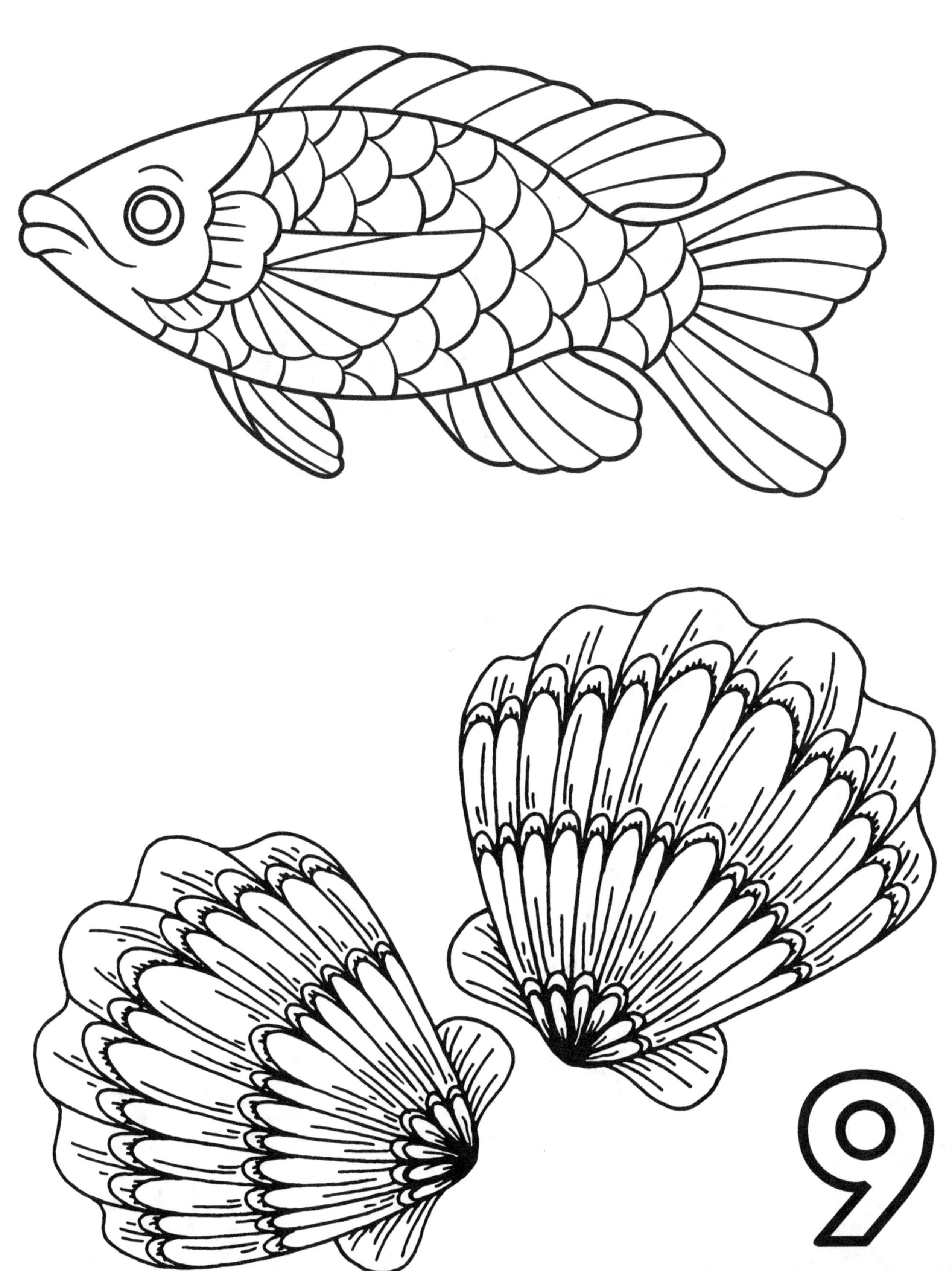

9

10

11

12

13

14

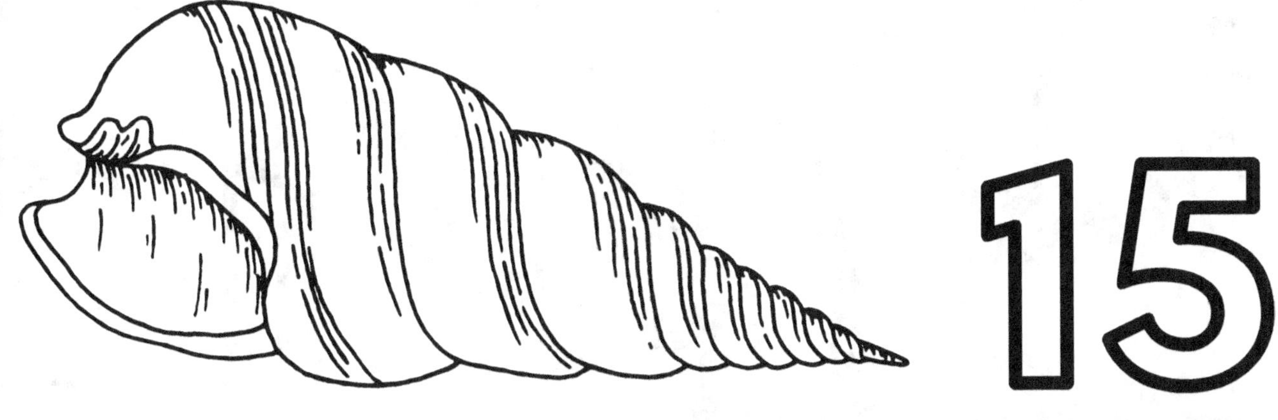

15

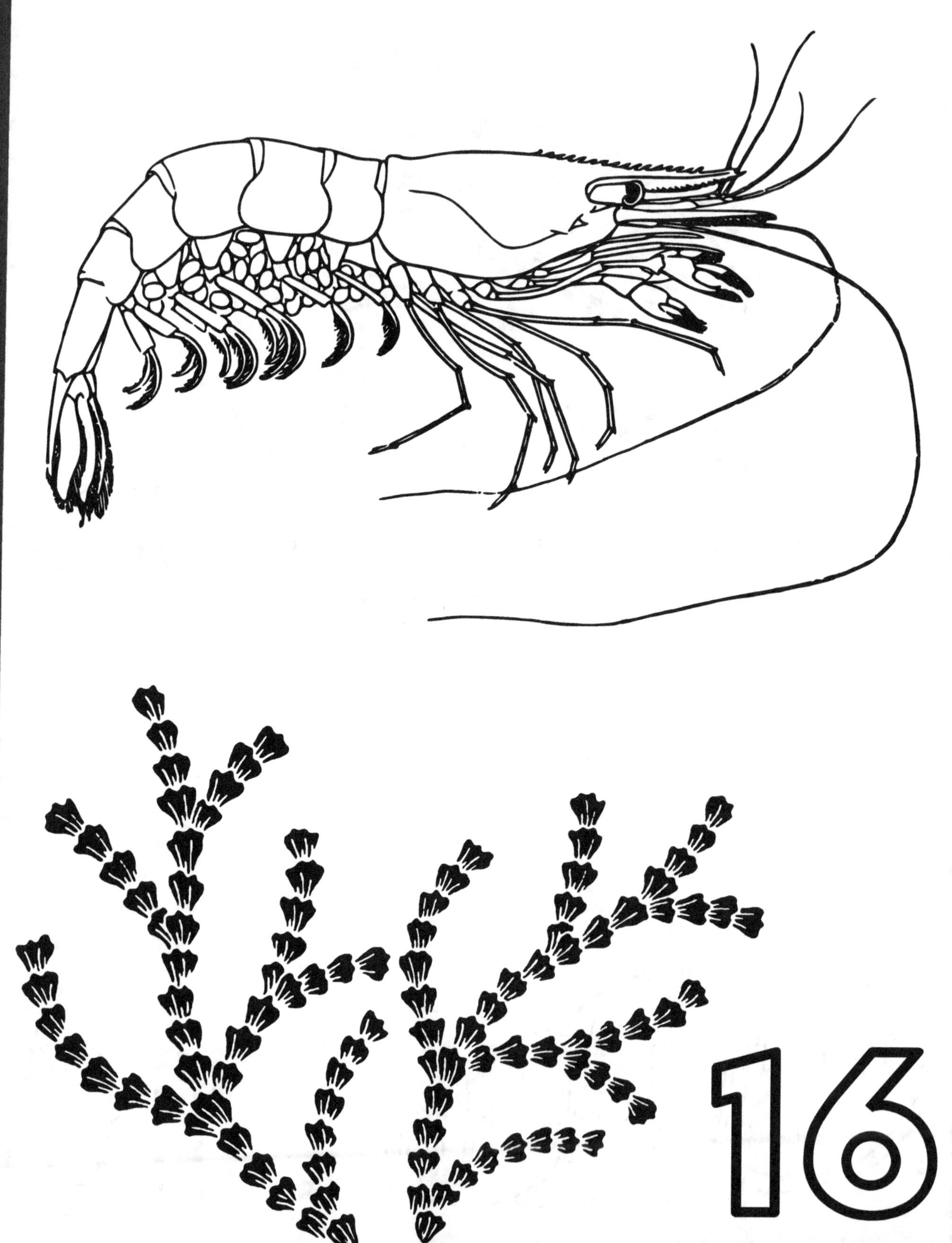

16

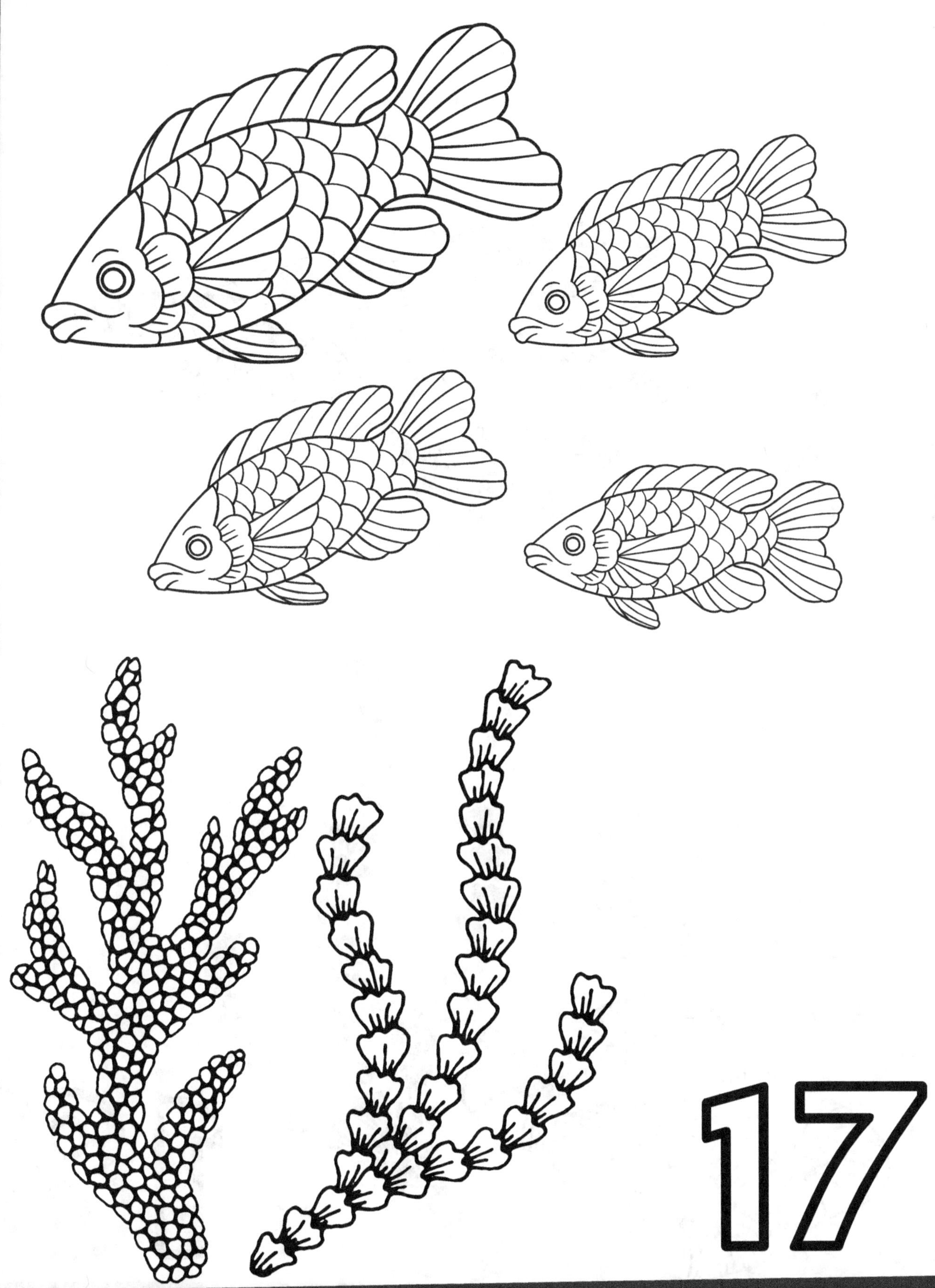

17

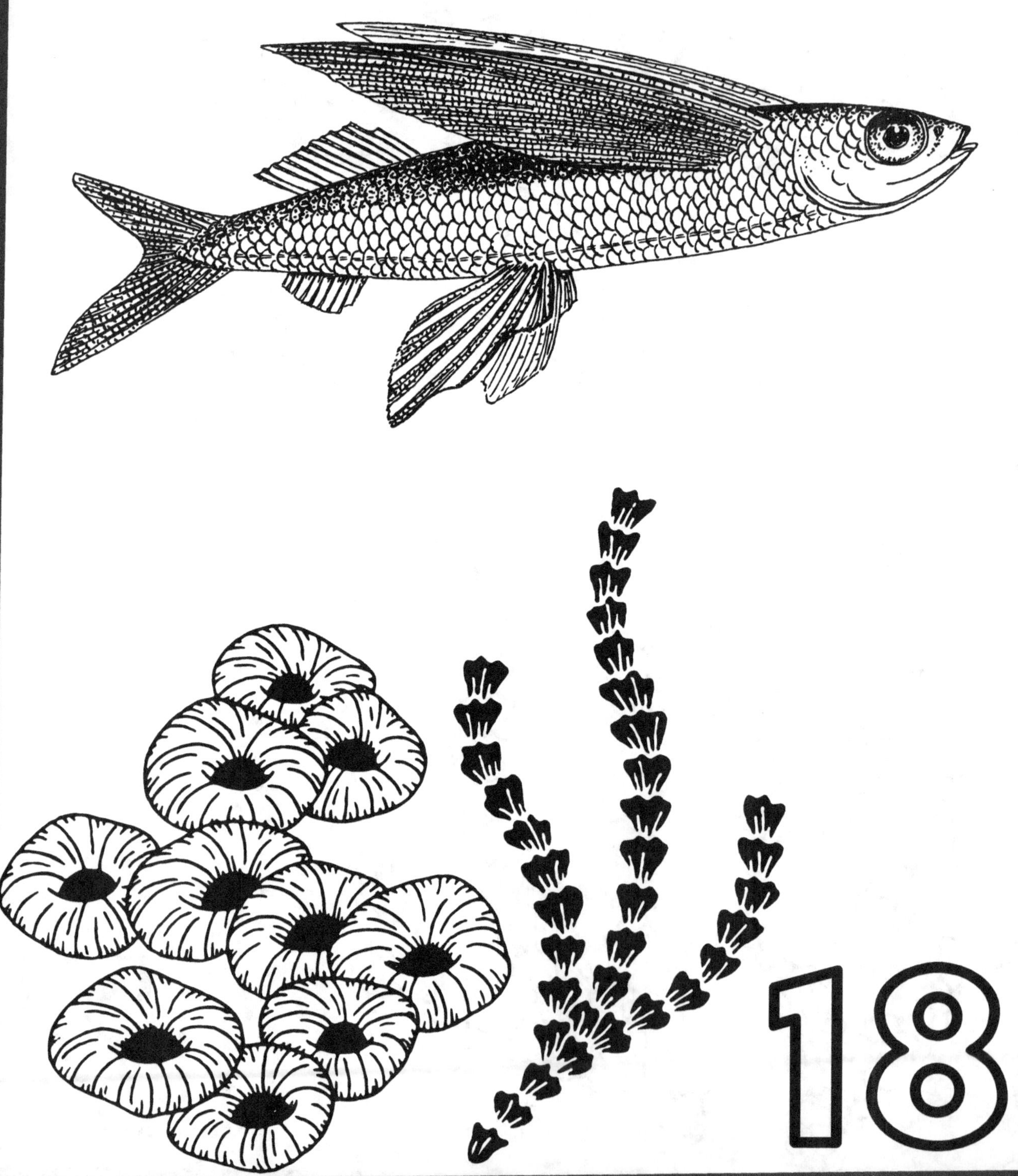

18

19

20

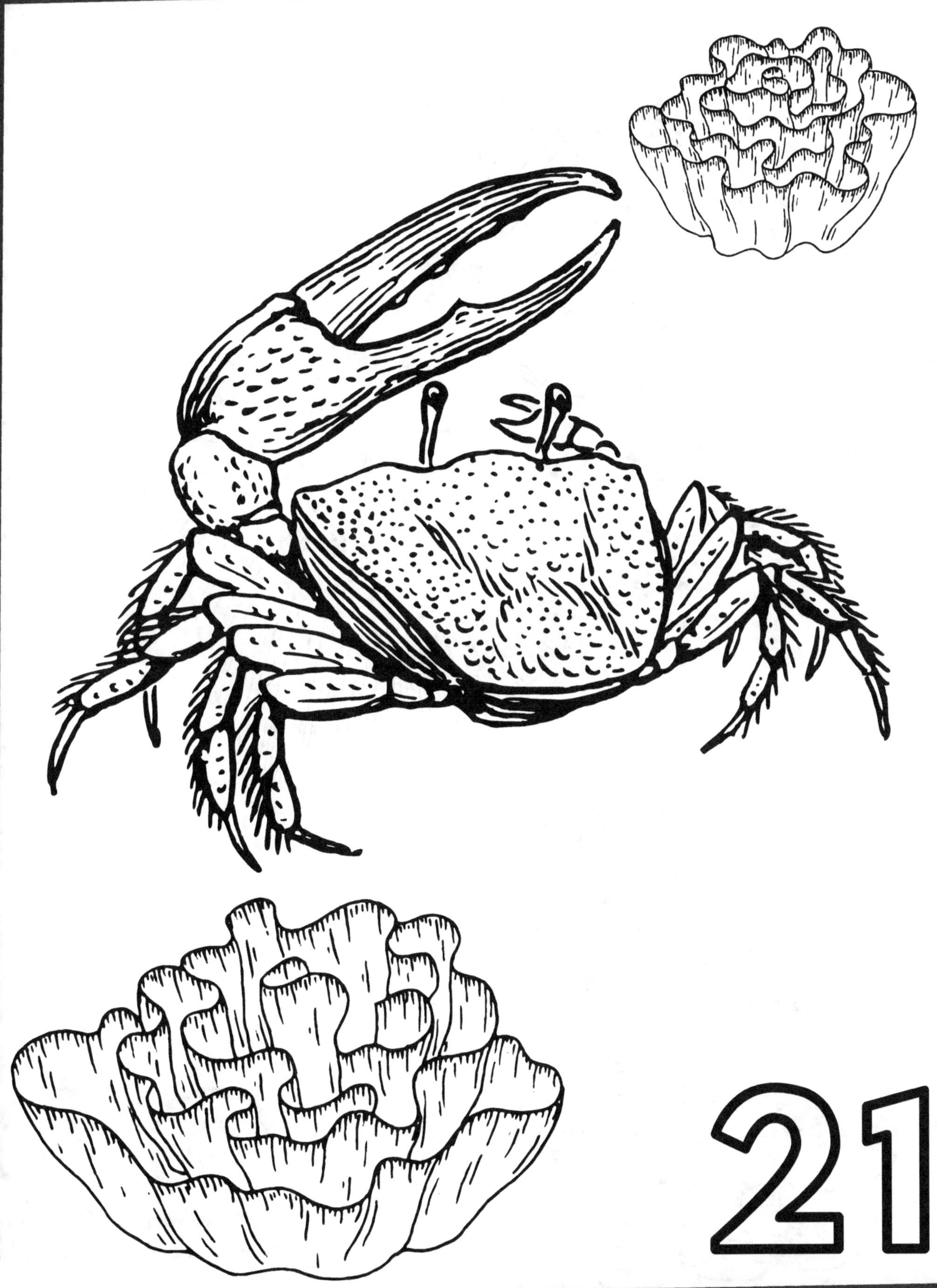

21

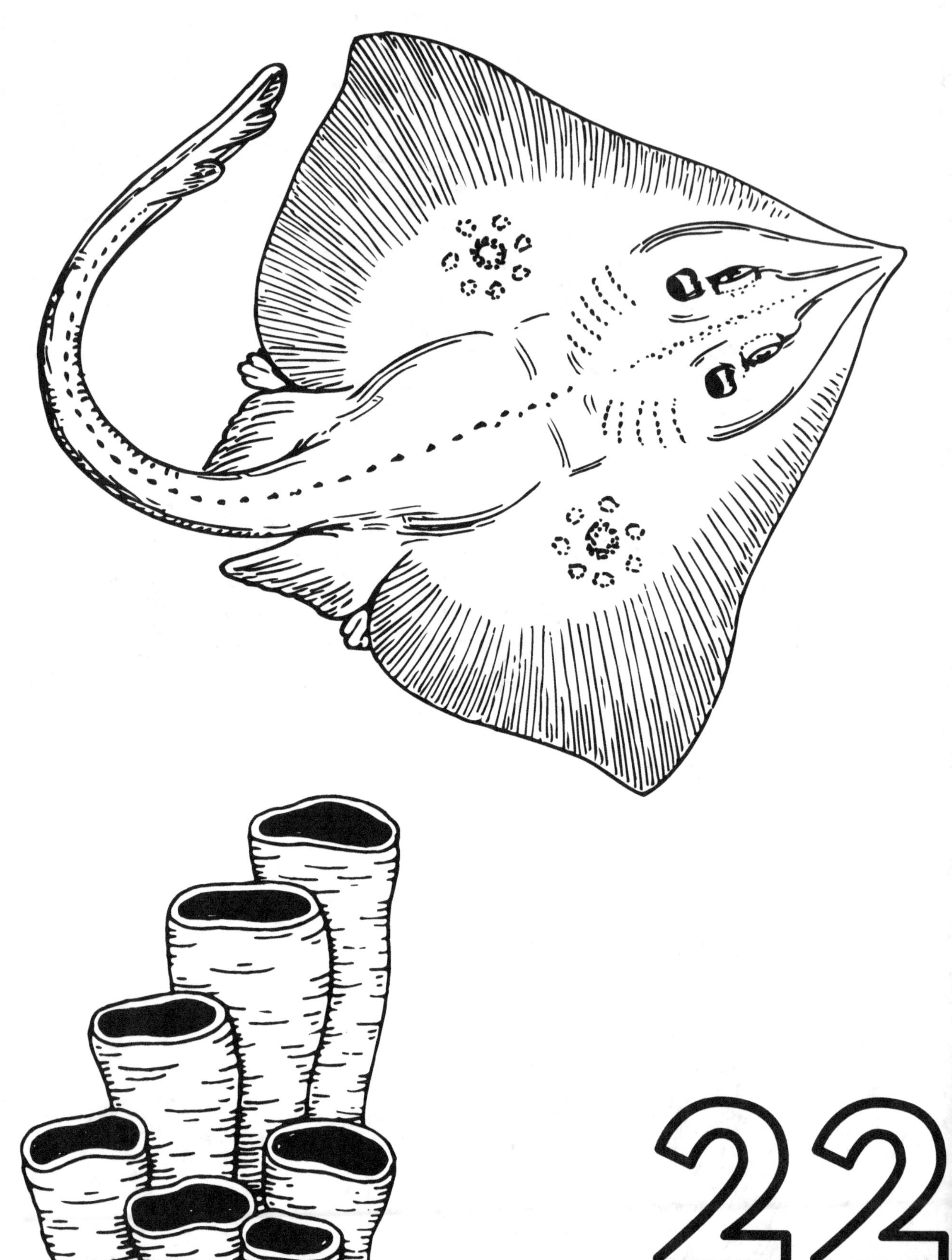

22

23

24

25

26

27

28

29

30

32

33

34

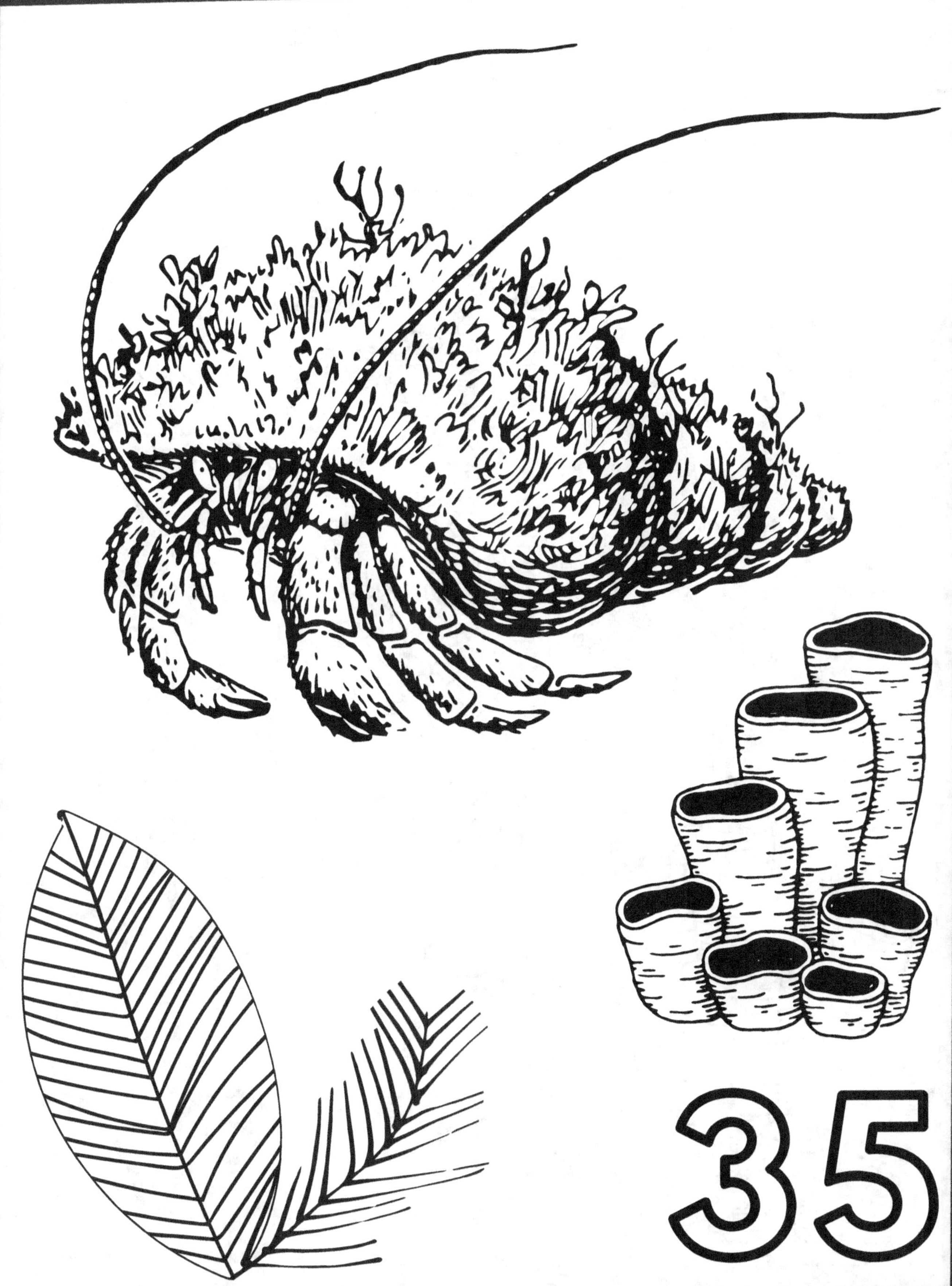

35

37

38

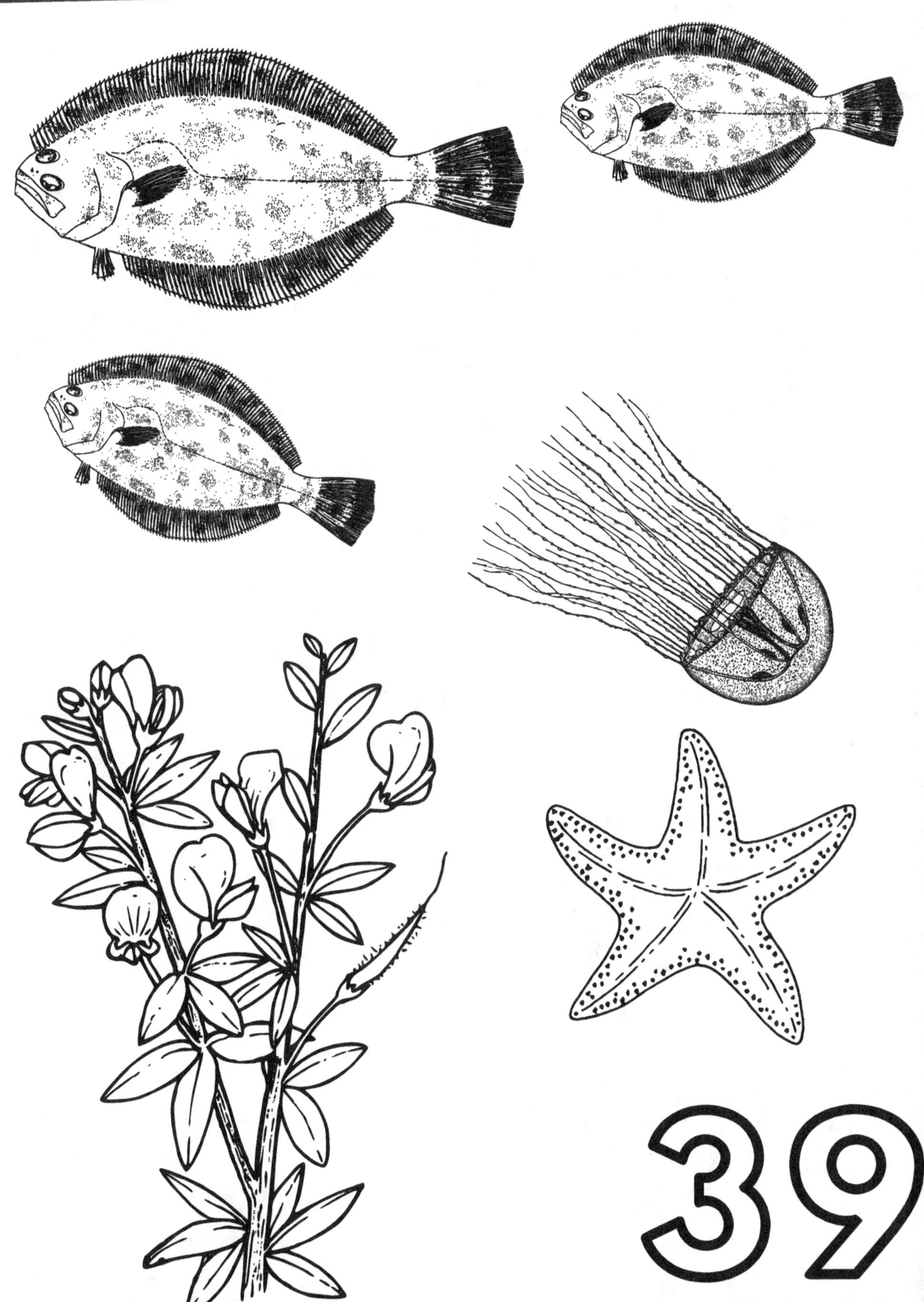

39

40

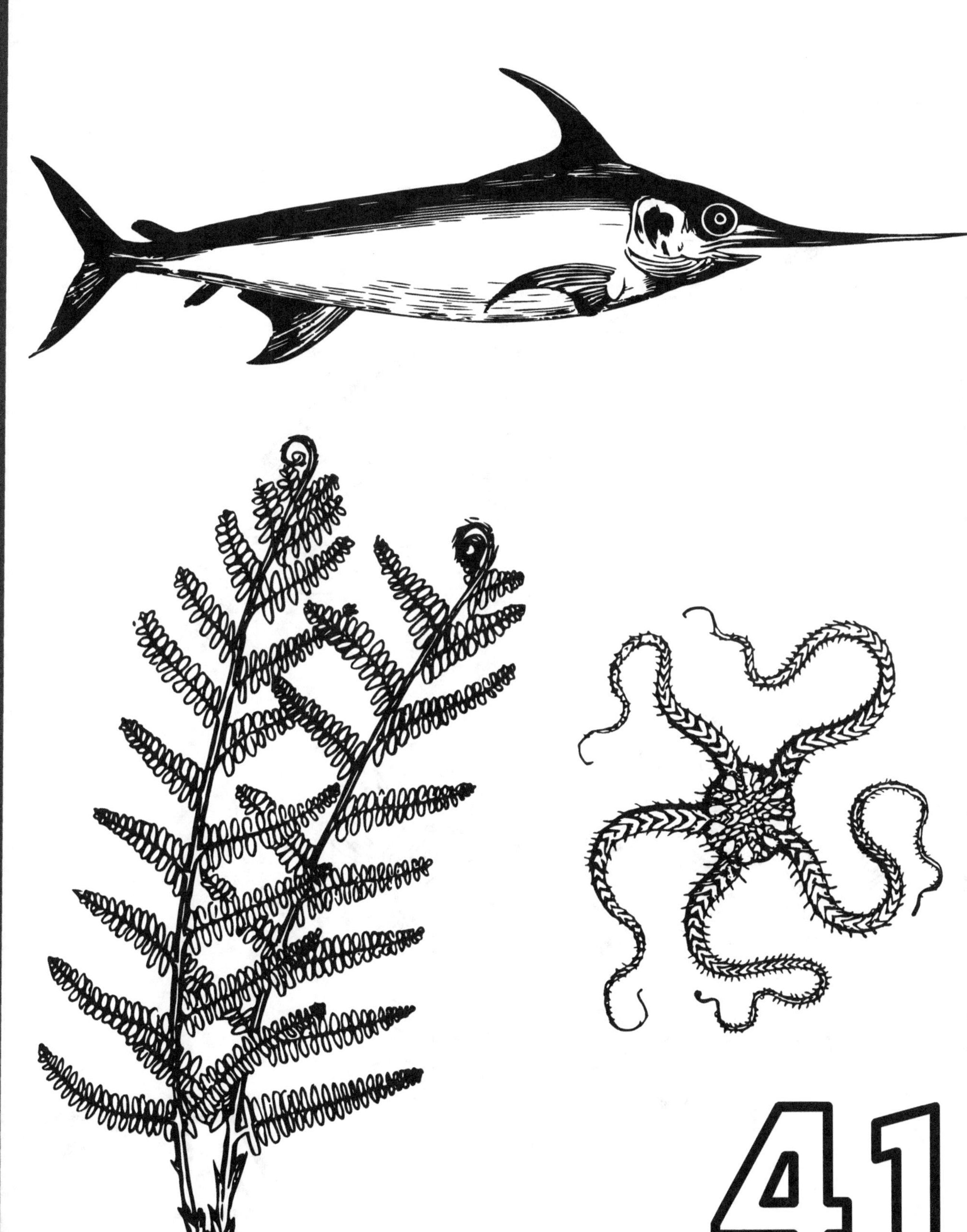

41

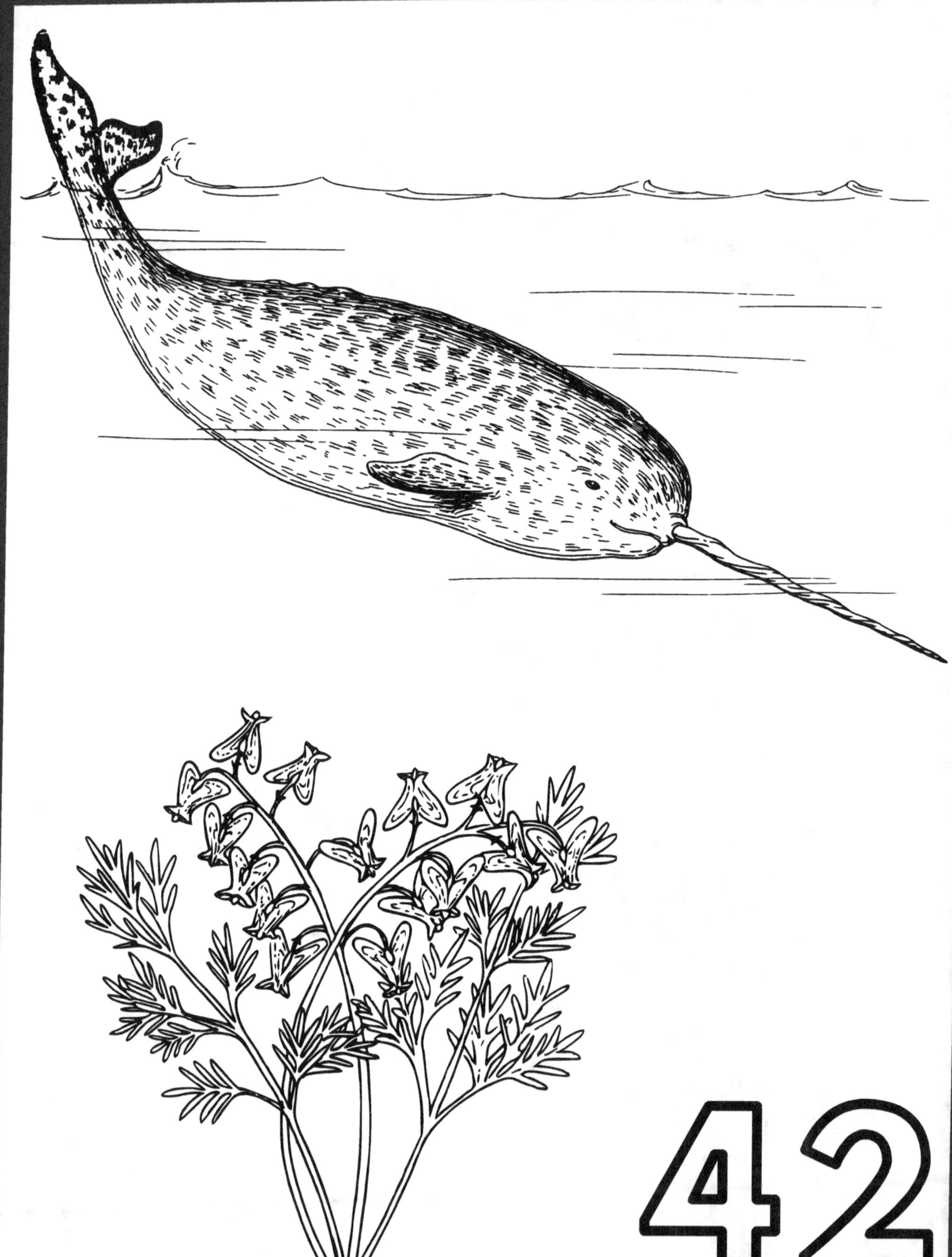

42

43

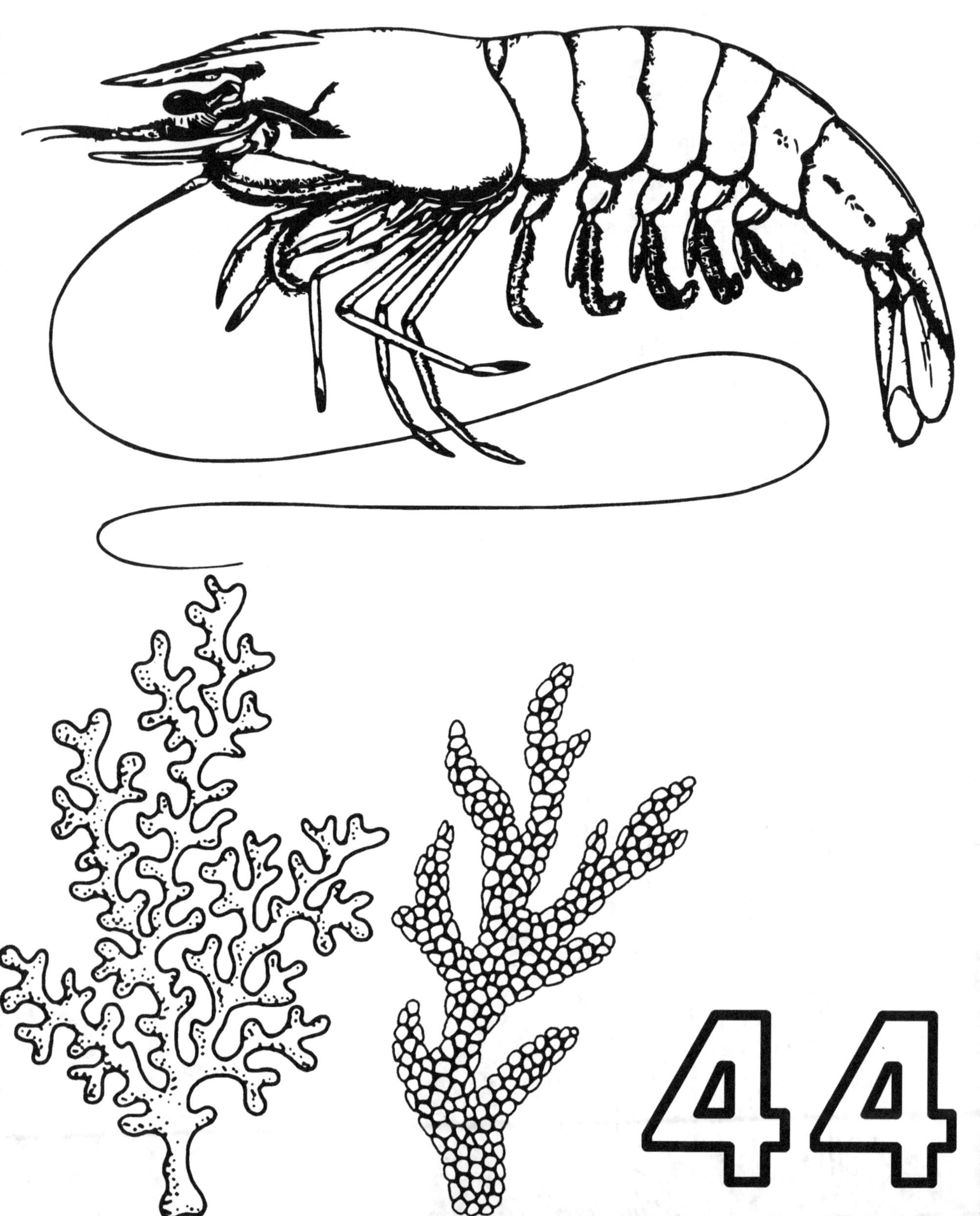

44

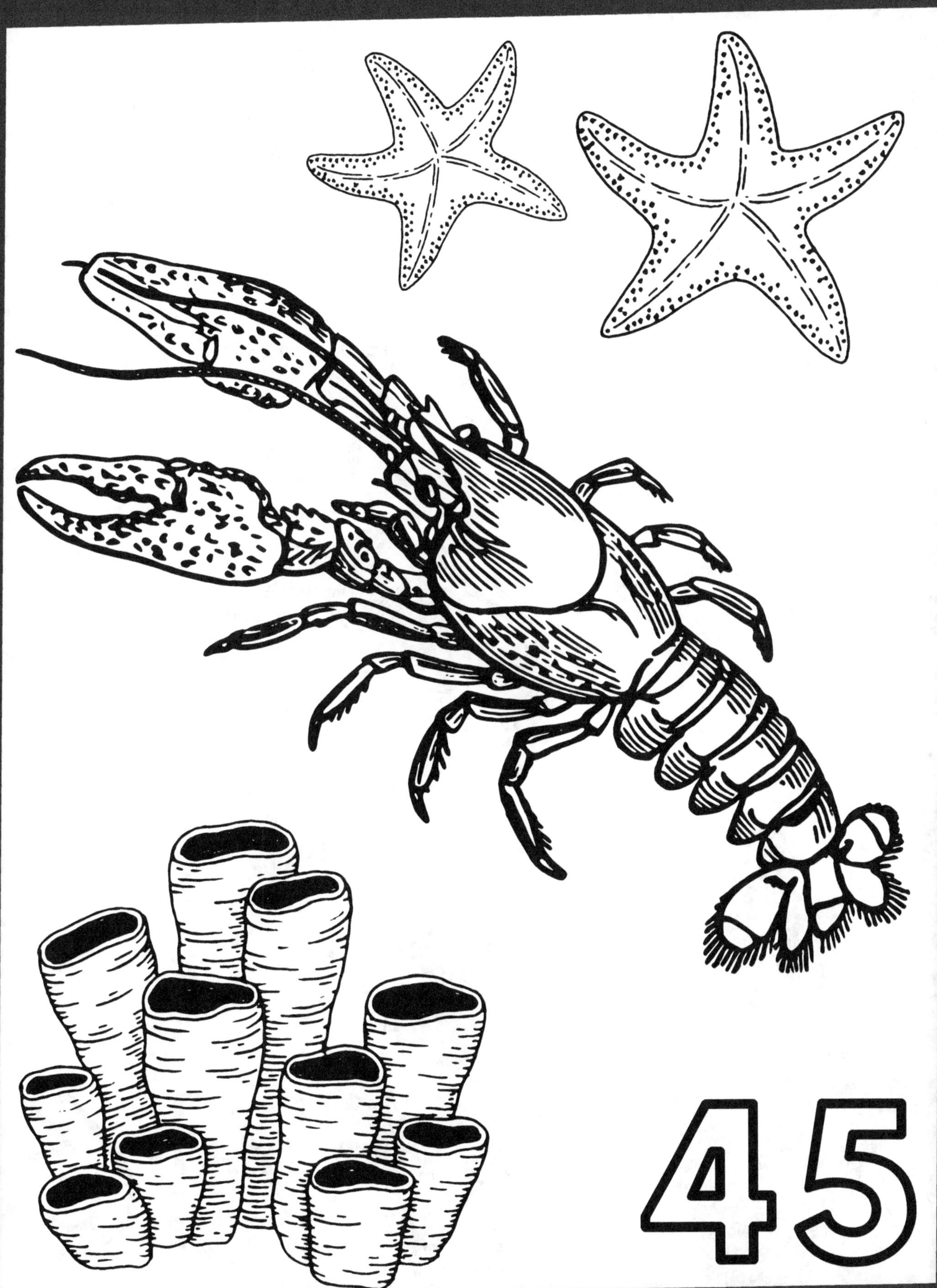

45

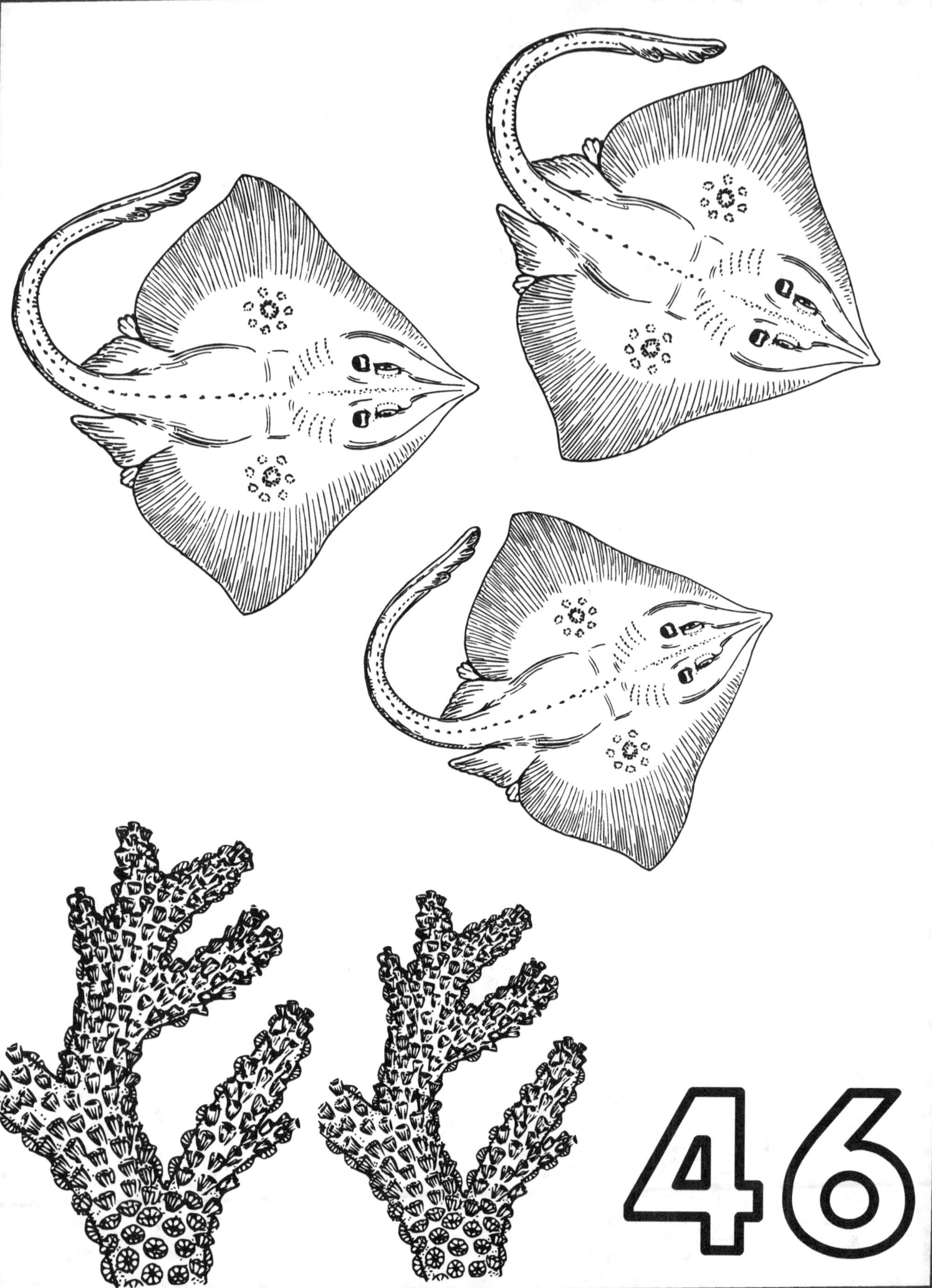

46

47

48

49

51

Paint your favorite sea animal.

52